ज़िन्दगीनामा

कविता संग्रह (भाग-२)

राखी

आभार (Credits)
कवितायेँ - राखी
मुख्य पृष्ठ डिज़ाइन - रज़ा
संपादन - अरविन्द

<u>समर्पण</u>

माँ प्रकृति और इष्ट देव को
सादर समर्पित।

प्रस्तावना

प्रिय पाठक,
ज़िंदगीनामा को अपनाने के लिए बहुत सारा प्यार और धन्यवाद ।

जिस तरह से हम सब इस विविधता भरी दुनिया का हिस्सा हैं, उसी तरह हम सबके भीतर भी एक दुनिया है। हमारी इस अंतर दुनिया में भी बहुत उथल-पुथल चलती है।

उत्सुकता और जिज्ञासा भरे दिमाग़ में बहुत सारे विचार, कल्पनायें, भाव - संवेदना, समस्याओं के समाधान से लेकर जाने कहाँ -कहाँ की बातें भरी रहती हैं। इस असीमित कल्पना और विचारों के समुद्र में जब भावना और तर्क के बीच विचार मंथन होता है तो हमारे मानव मन की सृजनशीलता जाग उठती है, और वो मन के सागर की सतह पर कविताओं के कौस्तुभ मणि, कहानियों की संपदा, आत्म जागरूकता का ऐरावत, ज्ञान -बुद्धि -शक्ति की कामधेनु ही नहीं लेकर आते पर, भय और संदेह का हलाहल भी साथ लाते हैं।

कविता लेखन एक सृजनशील काम है जिसमें बहुत मानसिक ऊर्जा का मंथन करना पड़ता है ठीक उसी तरह जैसे वर्षों पहले देवताओं और दानवों ने किया था अमृत पाने के लिए।

जब बाग़-बाग़ (मेरी पहली पुस्तक) प्रकाशित हो गयी तब मुझे लगा कि मैंने कुछ नया गढ़ा । फिर एक शाम मेरे मित्र ने कहा, 'मैंने बाग़-बाग़ पढ़ी, मुझे लगा तुम बेहतर कर सकती हो और ये बेहतरीन हो सकता है। तब महाभारत के आदिपर्व के आस्तिक पर्व का एक श्लोक याद आया।

सर्वौषधीः समवाप्य सर्वरत्नानि चैव ह।
मंथध्वमुदधिं देवा वेतस्यध्वममृतं ततः।।१३।।[1]

"देवताओं, पहले समस्त औषधियों, फिर सम्पूर्ण रत्नों को पाकर भी समुद्र मंथन जारी रखो। इससे अंत में तुम लोगों को निश्चय ही अमृत की प्राप्ति होगी"।।१३।।

तब देवताओं और दानवों की तरह मुझे भी इस श्लोक ने प्रेरित किया किया। और इसी ईश प्रेरणा से जब लिखने बैठती, तो कलम खुद ही चल पड़ती। किताब आपके हाथों में है। पढ़कर बताइये, कवितायेँ कैसी लगीं ?
मेरी लेखन यात्रा में शामिल होने और इसे अपनी ज़िन्दगी में स्थान देने के लिए मैं आपकी हृदय से कृतज्ञ हूँ। आपका यह प्रोत्साहन मुझे और बेहतर लिखने के लिए प्रेरित करता है। मैं वादा करती हूँ, कि अपने हृदय की बात आपसे साझा करती रहूंगी।

प्यार और आभार,
राखी

---

[1]

(https://hindipath.com/samudra-manthan-ki-charcha-chapter-17-astik-parv-mahabharat-hindi/)

सादर - आभार

ब्रह्माण्ड - गुरु

श्री जी डी दत्ता, श्रीमती हेमलता, श्री जगदीश प्रसाद, श्रीमती कान्ता, श्री सोम बाटला, श्री क्रन्तिगिरी गोस्वामी, विजयलक्ष्मी, ऋतू, अंशु, जिग्नेश, निमेष, सुजाता श्री, हेमंत कुमार, राज, जयंत, अरविन्द, भानु, ऐश्वर्या, पिंकी, किरण, कीर्ति, स्नेह, कुसुम, सुरेश चद्रं, नितिन, निशांत, कुशल, साश्वती, रतनदीप, कुलप्रीत, रेणु प्रसाद, सुजीत, गीतेश, मोनाली, विवेक, राजन, सृजन, दीपशिखा, रतनदीप, अमन, रजनीश, रजनीश, लोकेश, पायल, प्रीती, बृजेश, गीतेश, मोनाली, आकाश, अमर, रिंका, पायल, ईशान, निहारिका, शिवानी, अरविन्द, प्रेरणा, माला, मनीषा, सीमा, मुकेश, अखिलेश, अरुणिमा, भूमिका, प्रीती, रविकिरण, अर्जुन, निहारिका, मिनाक्षी, गोविन्द, गौरव, जय प्रकाश, समीर, नवोदय परिवार, AFH परिवार, और समस्त हितैषी जन।

विषय - सूचि

०१। ज़िंदगी और समाज

१. आदमी की ज़िंदगी

आदमी की ज़िंदगी,

चिट्ठी नहीं,

जिसका एक ही मुकाम रहता है ।

पत्ता नहीं,

जो एक डाल से जुड़ा रहता है ।

यह स्टेशन में खड़ी ट्रेन नहीं,

जिसे एक निश्चित पटरी से होते हुए,

जाना होता है ।

यह तो,

आज़ाद पंछी की उड़ान है ।

जिसे हर नए मौसम में,

नए बसेरे, नए लक्ष्य,

नयी राह, की तलाश रहती है।

कविता का परिप्रेक्ष्य - रेल यात्रा के दौरान यात्रियों और प्लेटफार्म पर खड़ी बहुत सी ट्रेन को देखकर यह विचार आया।

२. वो लड़की

बड़ी अजीब सी है वो,

न खुद की परवाह,

न किसी का ज़िकर/ कि फिक्र।

उसकी है तो एक धुन,

वो अपना राग नहीं अलापती;

चुप ही रहती है।

देखती है खुली आँखों से सपने,

पर उनमें खोकर चूर नहीं हो जाती।

ख्याल रखती है,

अपना-मेरा-हम सबका।

पर निगाहें उसकी बराबर

रहती हैं वहीं,

जहाँ उसे जाना है।

कितना कुछ करती जाती है,

कितना कुछ ले गुज़रती है,

कितना कुछ वो दे ही जाती है।

कितनों के दिल को छू जाती है।

वो अजीब सी लड़की,

ये खुद भी नहीं जानती है।

कविता का परिप्रेक्ष्य - कुछ लोग हवा के जैसे होते हैं सामने होते हुए भी उनका भान नहीं होता। वो अपनी-२ गाते भी नहीं हैं। पर वो ये नहीं जानते कि, उनका रहना ही कितना मायने रखता है।

३ . प्यार का जीवन चक्र

आज सुबह सुबह,

खैनी खाते खाते ,

पड़ोस वाले शर्मा जी के साले साहब के बेटे का

फ़ोन

हमारे नंबर पर आया.

वो बोला,

'चाचा जी कल रात मैं बिना पिए पहली बार,

घर चला गया।

मुझे देखते ही माँ ने कहा,

"तुम्हारी तबियत तो ठीक है?"

"शक्ल पर कैसे बारह बज रहे हैं!!!"

पापा जी बोले,

 'अरे, आज चाँद समय पर/ दिन में निकल आया।'

'ज़रूर दुनिया का अंत करीब है।'

बहन ने कहा,

 'भैय्या ने आज सुबह से मोबाइल चेक नहीं किया

लगता है उसे बहुत गहरा सदमा लगा।'

भाई बोला,

'आज उसने अपना नया लैपटॉप मुझे कॉलेज ले जाने दिया।'

'जरूर वो सन्यास लेने वाला है। '

सभी मुझे और मैं सभी को,

घूरे जा रहे थे।

तभी मेरे एक दोस्त ने घर कॉल करके कहा,

'कवि ने तो कमाल कर दिया।

दो दिनों से न तो दारू पी न ही सुट्टा लिया।

सब ठीक तो है ?"

हमारा वॉचमैन,

जो अभी अभी घर पैसे लेने आया था।

इसी बीच उचककर बोला,

'कवि भाई को एक हफ्ते से मैंने

किसी लड़की से बात करते नहीं देखा।

ज़रूर कोई घोटाला है.......

या दाल में कुछ काला है।'

मेरे आस पास सबको लगा,

मैं ज़िंदगी से उबकर,

 निर्वाण लेना चाहता हूँ।

और कुछ ने मेरे पागल हो जाने का ऐलान

कर दिया।

सच तो यह है कि,

चाचा जी आपका दफ्तर और मेरी दुकान,

पास-पास है।

आप के दफ्तर में नयी नयी आई एक

मेमसाब है।

जब वह सुबह-सवेरे,

ऑफिस जाते हुए अपनी स्कूटी से निकलती

है,

तो मेरी सांसे रुक जाती है।

पर एक काला कौआ,

 हमेशा काँव - काँव करता हुआ,

उसके आगे-पीछे फिरता रहता है।

जिद पर अपनी अड़ा रहता है।

मैंने पूछा, "कवि क्या वह ऑफिस के अन्दर

भी आता है?"

कवि बोला,

'हाँ जी, दिन रात भटकती-आत्मा के जैसे

उसके चक्कर लगाता है।

ऑफिस छोड़ने आता है।

फिर घर तक साथ मंडराता है।

मैंने जोर का कहकहा लगाया।

कहा, कवि यही तो तुमने गच्चा खाया

मेमसाब के आगे पीछे मंडराने वाला कौआ

और कोई नहीं

उनके साहब हैं।'

कवि लम्बी आह भरकर बोला,

"चाचा जी धन्यवाद ,

मै सुबह का भुला शाम को जैसे घर वापस

आया।

अब जाता हूँ, सुट्टा लगता हूँ।

शाम को दोस्तों के साथ इस हार का जश्न

मनाता हूँ।

आप भी आइएगा,

महफ़िल में हमारी,

क्यूंकि आज मुझे पता चल गया प्यार - व्यार

सब बकवास है।

केवल बीयर और सुट्टा ही अपने ख़ास है।

इति श्री आधुनिक प्रेम कथा कवि पुराणाये

उननंचास अध्याय समाप्तम।

कविता का परिप्रेक्ष्य - कवयित्री के पडोसी युवक की
सच्ची प्रेम कहानी, जैसी उन्होंने अनुभव की।

४ . प्रेम - तब और अब

शालीन-विनय,

उन्मुक्त-हास्य,

सभ्य-कौतुक,

निर्मल-अनुनय।

आरक्त-कपोल,

मूक-वार्ता,

ऐसा था वो,

वो गुज़रा ज़माना।

गुम हो गए हैं,

न जाने कहाँ !

जब से आया,

ये नया ज़माना।

अब तो है,

उन्मुक्त-चलन ।

असभ्य-अनुनय ।

न कोई निवेदन।

तीव्र-विरोध ।

ब्लॉग- व्लॉग ।

मार-काट ।

जब से आया,

नया ज़माना।

कविता का परिप्रेक्ष्य - युवा प्रेमिकाओं की अपने ही प्रेमियों के द्वारा हिंसा, प्रताड़ना, और उनकी हत्या। कवियत्री का कहना कि पुराने और नए ज़माने के प्रेम में बहुत अंतर हैं।

५. जो मैंने कहा ???

तुमसे , मुझ से और हम से

बातें होती हैं हम सबसे ।

जब - जब होता है तुम्हारा कहना

मुझे रहता है हमेशा गुनना ।

पर जब बातें होती हैं हम दोनों में

तो वो आनी जानी हो जाती हैं ।

गर मैं बोलूं कभी

तो तुम्हारा होता है यह कहना ,

लड़की हो लड़की ही रहना ।

लड़का मत बनते रहना ॥

जो मेरा होता है यह कहना ,

चाहे लड़की हो या लड़का ,

काम अच्छे ही करते रहना ।

बातें भली ही करना ।

तुम्हारा होता फिर यह कहना ,

हमें है ज़माने में ही रहना ,

और तुम्हे हमेशा से है लड़की ही रहना ,

तो बनालो चुप्पी को अपना गहना ,

वर्ना तुम्हे पड़ेगा सबके फिकरे,

सारी उम्र सहना ।

कविता का परिप्रेक्ष्य - कवियत्री के एक दूर के रिश्तेदार उन्हें लड़की होने का मतलब समझाने के एवज में अपनी "सीमा" बनाने को कहते हैं बिना ये सोचे के, वो भी एक इंसान है।

६. आँखें

उनींदी सी बेचैन निगाहें,

सुकून के दो पल तलाशती

राहों, गलियों, नुक्कड़ों से गुज़रती

दिल की तन्हाइयों के साथ,

शहर की भीड़ में चलती।

दिल में अपना सा किस्सा लिए,

खुद को कुछ यों टटोलती।

जैसे जानती हैं तो सब कुछ,

पर फिर भी कुछ न हो बोलती।

कविता का परिप्रेक्ष्य - कहते हैं किसी को समझना हो तो, उसकी आँखें गौर से देखिये।

०२। दोस्त हैं ज़िंदगी।

१. एक पुराना यार

नए - नए शहर में,

एक पुराना सा यार।

नयी - नयी कोशिशों में,

एक अपनी सी बात ।

बेख़ौफ़ - बेबाक सा,

इन भीड़ भरी सड़कों में,

अपने पुराने यार तलाशता।

तेज़ भागती राहों पर,

अपने यार तलाशता।

अकेला सा पर,

अपनी पहचान बनाए हुए ,

दो पल का साथ तलाशता।

बार- बार बदलते मौसमों के साथ,

बदलती सूरतों में तैरता।

अकेला है, फिर भी चला

अपने होने की वजह तलाशते,

अपने पुराने यार तलाशते

पुरज़ोर - बेबाक - बिंदास

जैसे हो मेरा खोया हुआ यार।

कविता का परिप्रेक्ष्य -   एक शाम, भाई के साथ यालंका, बैंगलोर में घूमते हुए एक बहुत पुरानी बंद फैक्ट्री की, बड़ी चिमनीनुमा संरचना जो नयी बनी इमारतों के बीच शान से अपने होने का अहसास दिलाते हुए खड़ी थी, से प्रेरित १३ जून २०१७ को कविता लिखी गई।

२. चलो हम बच्चे बन जाएँ

इस तेज रफ़्तार ज़िंदगी में,

आधुनिकता और भौतिकता की चाह में,

सही अर्थों में जीना छोड़ दिया हमने।

'गुलाब की खुशबू, माटी का सोंधापन,

बारिश की रिमझिम फुहार का मज़ा।

गौरैया की चहचहाहट,

भौंरे की गुनगुनाहट,

सब कुछ जैसे छूट गया हो पीछे।

दौड़ते रहने के जूनून में,

दौड़ से पिछड़ जाने के डर से।

जीना छोड़ दिया हमने,

आज सबसे आगे होने पर,

अब भी

पिछड़ने का भय समाया मन में।

वक़्त से होड़ लेते हुए,

वक़्त को पीछे छोड़ दिया हमने।

खुशहाल ज़िंदगी की चाह में,

खुलकर जीना छोड़ दिया हमने।

चलो, कुछ पल बिना किसी चिंता के,

शांति के साथ आराम फरमाएं।

चलो फिर लौट चलें उस ओर,

चलो फिर चलें बचपन में,

चलो फिर उड़ाएं पतंगे छत पर चढ़कर,

फिर चुराएं कच्ची अम्बियाँ नानाजी के बाग़
से

चलो फिर बच्चे बन जाएँ।

फिर खेलें छुपा छुपी,

फिर पकडे तितलियां रंग बिरंगी।

चलो फिर बन जाये हम बच्चे।

जहाँ न हो कोई झंझटें,

न हो जीवन की जटिल उलझनें,

चलो फिर भागम भाग से अलग चलें।

चलो फिर बन जाएँ हम बच्चे।

कविता का परिप्रेक्ष्य - रविवार की भीगी सी सुबह घर के पास झील के किनारे, मिटटी की सोंधी खुशबू, हलकी गर्म धूप, तितलियों, बच्चों को खेलते देखकर बचपन में

जाने का दिल हुआ। मनीषा झील भोपाल के पास बैठ कर सृजित।

३. दोस्त

मिलते-बिछड़ते, ये रिश्ते।

टूटते-संवरते, ये दिल।

बनते-बिगड़ते, हुए मिज़ाज।

हारते-जीतते, ये प्यार।

ये मेरे दोस्त।

प्यारे दोस्त।

उठती-गिरती लहरों से,

चलते-फिरते, बाँटते ज़िंदगी।

हँसते-रोते, करते दिल्लगी।

मिलते-खिलते, वो प्यारे पल।

चमकते-दमकते, वो खिले से चेहरे।

मेरे दोस्त।

खुशियां बाँटते,

ग़म बंटाते।

अपने-अपने सपने संजोते।

बनते-बिगड़ते, रौब जमाते।

हंसी-ठहाके, कहकहे लगाते।

मेरे दोस्त।

ज़िंदगी जीते, खूब जीते।

साथ रहते, साथ बंटाते।

जहाँ भी हो ज़रुरत, बिना कहे पहुंच जाते।

साथ रहते, प्यार बाँटते।

मेरे दोस्त।

कविता का परिप्रेक्ष्य - मित्र मेरे जीवन का एक अहम्
हिस्सा हैं। उनका ये कहना, 'तुम बस आ जाना या फिर
चल मिलते हैं। तेरा होना ही काफी है।' बहुत कुछ कह
जाता है। मित्रता के जीवन चक्र को कुछ शब्दों में कहने
का प्रयास किया।

४. मेरी मित्र

तुम सही थी ये बताने के लिए,

कि यह सही है और यह नहीं।

तुम सही थी ये समझाने के लिए कि,

ये मुझे जमेगा ये नहीं।

तुम सही हो यह बताने के लिए की मुझे,

नीला जंचता है हरा नहीं।

तुम सही हो ये देख पाने के लिए,

कि मुझे सच में कौन प्यार करता है और

कौन नहीं।

तुम सही हो ये जताने के लिए

कौन मेरा सच्चा दोस्त है और कौन मतलब

का।

मुझे पता है तुम सही हो,

जब तुम यह कहती हो,

"खूब सारा प्यार"

पर तुम सही नहीं हो जब

तुम मुझे अब भी बच्चा समझती हो।

पर तुम सही नहीं हो जब

तुम खुद खुल कर बोल नहीं पाती अपने मन

की।

नहीं हस पाती, जी भर कर।

तुम सही नहीं हो,

जब तुम सोचती हो, 'चार लोग क्या कहेंगे ?'

तुम सही नहीं हो,

जब मारती हो, अपने सपनों को।

तुम सही नहीं हो,

जब तुम मसोस लेती हो मन को अपने, आज

के ज़माने में भी।

 तुम सही नहीं हो,

जब सब मिल जाने के बावजूद,

तुम नहीं लेती हो अधिकार अपने।

तुम सही नहीं हो क्यूंकि तुम खुश नहीं हो,

आचरण से अपने,

जब तुम खुद ही दुखी हो,

तब तुम सही नहीं हो।

तब तुम सही नहीं हो।

कविता का परिप्रेक्ष्य - सखी सामाजिक दबाव में आकर आधे -अधूरे मन से नायिका को भी वही करने की सलाह देती है जो उसे खुद पसंद नहीं।

०३। ज़िंदगी और मौत

१. मौत की गंध

मौत की भी गंध होती है,

जिसका भी जन्म होता है,

उसकी ही मृत्यु होती है।

मौत की भी गंध होती है।

हर जन्म का कोई कारण होता है।

कारण और निवारण होता है।

कोई मौत पाता है,

तो कोई मौत को गले लगाता है,

और कोई मौत के घाट उतार दिया जाता है।

मौत की भी गंध होती है।

मौत में सुगंध वो पाते हैं,

जो अपने जीवन को कोई मतलब दे पाते हैं।

बेमतलब, ही मर जाना यारों,

मात्र एक दुर्गन्ध होती है।

मौत की भी गंध होती है।

मौत तो आएगी ही,

जब हुआ है जन्म अपना।

कुछ अच्छा कर जाएँ जग में,

तो हो जाये जीवन सफल अपना।

जब जग कुछ पाकर विदा दे हमें,

ज़िन्दगी वही सफल होती है।

मौत की भी गंध होती है।

कविता का परिप्रेक्ष्य - पहली बार मौत को अपने ननिहाल में, नानी माँ के न रहने पर अनुभव किया। जब सुशांत सिंह राजपूत की मृत्यु की खबर मिली तो पुरानी यादें फिर लौट आयीं। कविता १५/०६/२०२० को दिल्ली में लिखी गयी।

२. बिछड़न

जब आप किसी को खोते हैं,

तब ज़ार - ज़ार यूँ रोते हैं।

दिल भारी सा हो जाता है,

आँसू टप -टप कर गिरते हैं।

जब आप किसी को खोते हैं।

जब आप किसी को खोते हैं,

दुनिया सूनी सी लगती है।

लोग पत्थर बुत से लगते हैं।

जब आप किसी को खोते हैं।

जो पास हमारे होते हैं,

वो जान से प्यारे होते हैं।

हँसी - ठिठोली चलते हैं,

रूठन - मनौव्वल चलते हैं।

जो दूर अचानक जाते हैं,

फिर याद वो हरदम आते हैं।

फिर और भी प्यारे हो जाते हैं,

अगर जो जुदा हो जाते हैं।

गीता पढ़- पढ़ समझते हैं,

और लोगों को समझते हैं।

जो आते हैं, वो जाते हैं।

जब आप किसी को खोते हैं।

हम समझते हैं और समझाते हैं

हम भी मुसाफ़िरों में आते हैं।

जब हम किसी को खोते हैं,

तब ज़ार - ज़ार यूँ रोते हैं।

कविता का परिप्रेक्ष्य - नानी माँ स्वर्गीय श्रीमती रेवती डोंगरे की प्रथम पुण्यतिथि की पूर्वसंध्या, २३/०६/२०२० को गुरुग्राम में रचित।

३. ज़िंदगी का सच

ज़िंदगी है संघर्ष,

 कहते हैं यह सभी;

सोचते थे हम,

ये बातें है किताबी।

पर इस कटु सत्य का

अनुभव आज होता है;

हर कहीं।

न जाने,

कब किस मोड़ पर,

हो जाए

मौत से भिड़ंत।

और हो

जीवन का अंत ॥

सोचती हूँ,

मरता हर इंसान है।

कोई मौत आने पर,

कोई तिल - तिल कर।

जीवन तभी होता है सार्थक,

जब संघर्ष करे कोई।

ज़िंदगी की भंगुर ईमारत

साहस और धैर्य की नींव,

पर टिकी होती है।

इस जीवन संघर्ष में,

जीतता है वही ।

जिसमे होती है,

बहादुरी, शौर्य, अनथक लगन,

बहुत सा श्रम, और

सार्थक जीवन जीने का मर्म ॥

कविता का परिप्रेक्ष्य - अखबार के एक ही पृष्ठ पर कारगिल युद्ध में शहीद हुए जवान, कैंसर ग्रस्त का शोक-संदेश और अनुत्तीर्ण होने पर जब एक विद्यार्थी ने आत्महत्या की खबर साथ में थी। लगा, मरना तो सबको है पर हम अपना जीवन कैसे जीते हैं, ये बात हमें हम बनाती है।

४. शुन्य और एक

नीम-हकीम

उसने अपनी जान ले ली,

शुन्य को जानने के बाद,

शुन्य को जानने के बाद, शायद उसे लगा हो,

कि यह दुनिया ही शुन्य है !

या फिर उसे लगा हो कि,

अब कुछ भी जानना उसके लिए बाकी नहीं

रहा,

शुन्य की तरह ।

या जीवन उसका,

निरर्थक बन गया हो।

पर भाई शुन्य का भी मतलब होता है।

जब एक के सामने लगा दो, तो वह दस बन

जाता है।

पर थोथी मानसिकता का बिंदु,

 यानि दशमलव गर लग जाए तो,

उसके बाद आप जितने चाहे शुन्य लगते रहे

मूल्य में कोई अंतर नहीं आता।

गर वह समझ जाता,

तो शुन्य के होने का अर्थ उसकी समझ

आता।

पर नादान "नीम हकीम खतरे में डाली खुद

की जान "।

इन सबसे बढ़कर शुन्य है महान।

 जो अपने होने की

व्याख्या खुद करता है ....

बिना किसी लाग लपेट के ।

और साथ ही साथ दूसरों की मदद भी करता
है,

एक को दस और दस को सौ करने में ।

कविता का परिप्रेक्ष्य - दैनिक समाचारपत्र में एक युवा दार्शनिक की आत्महत्या की खबर आई, जिसमें उसके जीवन शून्यता के विचार और दर्शन बहुत ही अनूठे जान पड़े।

०४। ज़िंदगी की क्षणिकाएँ

१. ज़िंदगी

कुछ मीठी हो,कुछ खट्टी हो।

कुछ कड़वी हो,और कुछ हो कसैली सी।

जो भी हो, जैसी भी हो।

हर स्वाद से पगी हो ये ज़िंदगी।।

क्षणिका का परिप्रेक्ष्य - ज़िंदगी अगर एक जैसी रहेगी तो एकरंगी हो जायेगी।   इसके अलग-अलग पहलु और अनुभव हैं। ७ जुलाई २०१८ को शाम ४. १५ के आस पास कैंचीधाम, भारत में रचित।

२. ज़िंदगी की मिठास

तुम्हारे प्यार की चाशनी में पगी

जलेबी जैसी,

ज़िंदगी कुछ यूँ हो गयी है,

मीठी उलझन सी ।

क्षणिका का परिप्रेक्ष्य - ज़िंदगी यूँ ही टेढ़ी-मेढ़ी है और
उस पर प्यार की मिठास भी। २०/११/२०१९ गुरुग्राम
भारत में रचित।

३. हमारी खुशियाँ

हम दिल में केवल,

दूसरों का दर्द लिए रहेंगे।

तो हमारी खुशियाँ,

कहाँ रहेंगी ?

क्षणिका का परिप्रेक्ष्य - मेरी एक दोस्त हमेशा दूसरों को खुद से पहले रखती है। ऐसा हम सबके साथ कभी न कभी होता है। ऐसे समय के लिए, तसल्ली देती हुई ये क्षणिका।

४. खुशी की तलाश

खुशियोँ की तलाश और उनकी आस,

करते हैं जब-जब हम दूसरों से ,

तब-तब होता है हमें अहसास।

 कि हम हैं जंगल में मृग छौने से,

जो फिरता बन-बन जीवन भर।

मधुर -मादक कस्तूरी की तलाश में,

पर जो खुद उसके भीतर है।

कविता का परिप्रेक्ष्य - बाहर से मिलने वाली ख़ुशीअक्सर सीमित समय के लिए होती है। कैसा हो, अगर दूसरों को अपने दिल का नियंत्रण (रिमोट) देने का बजाये खुद अपना दिशासूचक बन जायें।

०५.। निजी ज़िंदगी

१. संतुलन

आ चलें अब अंतर्मन में,

करें अंतर जगत की यात्राऐं।

करें नए-नए अनुभव नित् नूतन।

जगे स्वप्रेम की भावनाएँ।

बनें अपने साथी स्वयं।

और बनाएँ,

ऊर्जा का नया संतुलन।

बाह्य जगत और अंतर्मन,

रहे हम मध्य पथ पर।

और करें स्वयं को पारंगत।

प्रज्ञा - भाव संवेदना को लेकर

बनें स्थितप्रज्ञ।

तभी मिलेगी अपनी खुशियां,

और होंगे हम प्रसन्न।

परिप्रेक्ष्य - आत्म-चिंतन और विचार- मंथन से
स्थितप्रज्ञ होने का भरोसा हृदय खुद को दे रहा है।

२. बेचैनी

हो चुकी बहुत सी यात्राएं,

हो चला बहुत सारा समय।

हमने खुद को पाने के लिए,

खंगाल लिया जग सारा।

जितना गए हम बाहर-बाहर

मार के अपने सपनों को

उतनी ही बढ़ी प्यास है।

बैचैन है मन,

खोकर खुद को।

परिप्रेक्ष्य- खुद को खोकर जग को पाना भी क्या पाना है। हृदय बार-बार प्रयास कर बैचैन है क्यूंकि वो खुद को नहीं समझ पा रहा है।

३. कविता का वर्त

बात से यूँ बात निकली

और फिर कुछ यूँ हुआ

की हमने खुद को चर्चा में डूबा पाया

माहौल बहुत गंभीर हो गया

तो सोचा इसे सांस लेने लायक बना देते हैं

मैंने कहा, "कविता सुनोगे?"

उसने कहा," क्यों नहीं"

कविता ख़त्म होने पर उसने कहा, 'किसके लिए

लिखी है,

इतनी] गहरी कविता ?'

तब तो जवाब नहीं बन पाया,

पर अब है जवाब मेरे पास।

तुमने सुनी मेरी कविता,

तुम्हे पसंद आयी ये कविता,

मेरा अंदाज़, मेरी आवाज़,

तुमने चखी मेरी कविता,

घूंट -घूंट करके उसकी आखरी बूँद तक।

तुमने रूचि मेरी कविता, रस ले कर।

फिर क्यों कविता का भूत तुम्हारे सर चढ़ा है ?

मैंने कहा, 'क्यों कविता का वर्तमान उसके

भविष्य से जुड़ा है ?

तुम प्यार तो वर्तमान में वर्त से करते हो.

पर क्यों तुम्हे कविता का भूत उसके वर्त से बड़ा

लगता है?

कहीं तुम ये जो देख -सोच रहे हो कविता के बारे

में,

वो तुम्हारी अपनी कहानी तो नहीं ?'

परिप्रेक्ष्य - जब लोग सृजनशीलता पर टिपण्णी और तर्क करने के बजाये, बिना मतलब की बात कर राई का पहाड़ बनाते हैं। डॉ. फ्रायड के अनुसार वो खुद (के विचारों को ही दूसरों पर) प्रोजेक्ट कर रहे होते हैं।

४. ये बेड़ियाँ

ये बेड़ियाँ, ये अँधेरा

जाती हूँ जहाँ

आता है साथ-साथ वहां पे।

सोचूं इससे पीछा छुड़ाना,

चाहूँ इसे छोड़कर जाना।

पर इसे तोड़ने की,

इसे छोड़ने की,

करती हूँ मैं जितनी कोशिशें,

उतना ही जाती हूँ

उलझती इन बेड़ियों में।

जैसे जाल हो कोई माया का।

घुटता सा दम है।

जान अब कम है।

लगता है अबकी तो डूब ही जाना।

जितना करता हूँ सामना

उलझता हूँ उतना ज़्यादा।

बेड़ियाँ हैं की जैसे जाल हैं

या हैं गले का फंदा।

लगता है, अब न बचेगा ये बंदा।

बंध कर रहेगा

कब तक तू बेड़ियों में

जो तेरी सोच की है।

उसमें कोई मोच है?

इसे देख बार गौर से।

अब तक जो लोगों के/ने कहा,

जो लोगों ने किया,

तूने उसे मन में गुना।

खुद के खुदा को तू खुद है भूला

पहचान तू है क्या

तू जान खुद को

कर ले इरादा

पक्का सा वादा

ये जो बेड़ियाँ सी तेरे इर्द-गिर्द,

तुझे रोकती हैं - बांधती हैं

लगती हैं तुझे तेरी शागिर्द

सब झूठ को

सच के सांचे में डाल के,

रोकती हैं तुझे,

रखती हैं सवालों में उलझा के।

तू बन जा चपल

तू तोड़ मोड़ मरोड़ खुद को

तू निकल चल

एक बार, और एक बार

चलता चल,

चल लांघ इसे,

चल बच कर,

फांद इसे।

मुड़ जा ज़रा, पर तू टूट ना।

कर ले इरादा,

इस बार खुद से,

पक्का सा वादा।

न थमेगा तू

न रुकेगा तू

जब तक न तोड़ेगा तू

इन बेड़ियों को।

ये बेड़ियाँ जो जकड़ी हुई हैं

पकड़ी हुई हैं।

लोगों ने नहीं

खुद से तूने ओढ़ी हुई है।

चल इस बार और

कर ले साहस

भर के तू सांस

सब बहाने छोड़ कर

बस एक बार, बस एक बार

हो ले तू अपना

खुदा खुद

बन जा जो तू है उसका बनाया

सच्चा सा बंदा

तेरे पास सब है

तेरे पास रब है

तुझसे जैसा कोई इस जहाँ में न होगा।

डर किस बात का?

ग़म किस बात का?

जो छोड़ कर चले गए,

जो तोड़ कर चले गए

जो तुझे कतरा-कतरा

प्यार से निचोड़ कर चले गए।

तू सुन कम,

तू गुन सब,

तू कर ज़रा खुद पे भरोसा।

तू कर ज़रा प्यार खुद से

आ जी ज़रा

चल उठ ज़रा

एक बार चल तू,

प्यार से मचल तू।

तू हो जा,

जो है तू सच में।

ख़ुशी से भरा,

आज़ाद परिंदा

जिसे है पता

वो क्यों है जी रहा।

वो क्या कर रहा,

वो जो जी रहा उसमे न तो है जी रहा।

कविता का परिप्रेक्ष्य - अक्सर हम खुद को रोक लेते हैं, वो करने से जिसके हम लायक है। पर फिर खुद के लिए रास्ते का रोड़ा बन जाते हैं। वो कहते हैं ना कि, जहाज़ के डूबने का कारण उसकी खुद में लगने वाली जंग है।

५. आत्मबोध

एक बड़े वीरान घर की तरह,

खाली - खाली, सूना-सूना

लगता था ये मन।

कभी - कभी

फिर ये विचार कि

मुझको समझे सभी।

पर जब ये बातें थी

मेरी ही समझ से परे,

तो मैं समझा पाता,

किसे और कैसे?

बस भान था इतना कि

सब कुछ या कहीं कुछ

सही नहीं।

पर अब जब में जान चुकी हूँ।

अपने और पराये के भेद को।

तब आज इस राह पर

मुझे चलने दो।

मेरे चुने हुए मुकाम पर

जाने दो मुझे।

अपनी खुशियों और ग़मों,

अपनी हंसी और अपने आसूं ,

खोजने के लिए।

इस जीवन को अपना कहने।

हर एक मौसम को जीने,

तपती धूप, रिमझिम बारिश, कड़कड़ाती ठण्ड

से जूझने,

और अपनी नायिका खुद बनने।

कविता का परिप्रेक्ष्य - किशोरवय में नायिका की एक रिश्तेदार ने जब कहा, सब तुम्हे छोड़ जाएंगे, अगर तुम इस दुनिया के मुताबिक नहीं चलोगी। पर इस अंतर्मुखी युवा को कहना काफी कुछ है, वो और उसके सपने भी बहुत सारे हैं।

६.। ज़िंदगी और प्रेम

१ . जब कोई अच्छा लगता है

जब कोई अच्छा लगता है,

 हर पत्ता ताज़ा लगता है।

जब कोई अच्छा लगता है,

हर वादा-वादा लगता है।

जब कोई अच्छा लगता है।

हर कुछ अपना सा लगता है।

सब सुलझा-सुलझा सा लगता है।

हर सुख दूना हो जाता है।

हर दुःख छू हो जाता है।

जब कोई अच्छा सा लगता है,

हर सुख दूना सा लगता है।

जब कोई अच्छा लगता है,

हर मंज़िल अपनी लगती है।

हर रास्ता आसान सा लगता है।

सब डाटें झिड़की सी लगती है।

पत्थर फूल हो जाते हैं।

कड़वा मीठा हो जाता है।

जब कोई अच्छा लगता है।

जब कोई अच्छा लगता है।

हर मुश्किल आसान हो जाती है,

धूप सुनहरी लगती है।

सूरज चंदा हो जाता है।

सब कुछ बदल सा जाता है।

और जी खुश सा हो जाता है,

जब कोई अच्छा लगता है।

कविता का परिप्रेक्ष्य - जब एक प्रेमी के उत्तरित प्रेम ने
कैसे दुनिया के प्रति उसके नज़रिये और भावनाओँ को
बदल के रख दिया।

२ . प्रेम की भाषा

प्यार केवल बोलने से नहीं होता,

प्यार होता है, समेटने में, सम्हालने में।

प्यार होता है सहेजने में,

छोटी -छोटी बातों में, प्यार झलकता है।

प्यार होता है "चाय पियोगे ?" से लेकर

"वाक पर चलें?" में।

प्यार होता है, "खाना खाया?" से "पान

खाओगे?" में।

प्यार होता है, "उसे बारिश पसंद है।" से लेकर

"छाता साथ रखा के नहीं?" में।

प्यार होता है 'रास्ता पार करते हुए सहज ही

हाथ पकड़ने से लेकर,

दरवाज़ा खोलते समय थाम कर उसका

इंतज़ार करने में।

प्यार होता होता है "चाबी साथ ली?" से

"घर पहुंचने में कितना समय है ?" में।

प्यार कोई दिखावा नहीं कि,

सुबह नहीं, दोपहर को है, और शाम ग़ायब।

प्यार तो समय सा होता है,

जब प्यार होता है तो बस होता है।

बिना यह कहे भी प्यार होता है

कि "मुझे तुमसे प्यार है।"

बिना ये बताये भी प्यार होता है।

कि "मुझे तुमसे प्यार है।"

प्यार को देखने के लिए,

प्यार को सहेजने -समेटने के लिए,

उसे सम्हालने के लिए,

चाहिये होता है वह मन दर्पण।

जो प्यार को समझ सके,

उन छोटी-छोटी बातों में,

उन अनकहे से शब्दों में,

जो प्यार को प्यार से समझ कर,

प्यार कर सकें।

प्यार होता है छोटी-छोटी बातों में।

प्यार होता है छोटे-छोटे ख्यालों में।

प्यार होता है कही-अनकही सी बातों में।

प्यार होता है छोटे नेक ख्यालों में।

प्यार कोई मिश्री नहीं कि,

गटक ली और हो गया।

ये नितांत निजी होकर भी,

कितना सर्व जन्य अहसास है।

प्यार तो चाय में डले उस इलायची वाले

मसाले सा है,

जो न केवल चाय के स्वाद को निखारता है।

पर अपनी खुशबू से सारे घर को महका देता

है।

खुद की ताज़गी और स्वाद से,

दिल और दिमाग़ गमका देता है।

कविता का परिप्रेक्ष्य - प्रेम के बारे में जितना लिखा जाये उतना कम है। चाय पर ज़िंदा रहने वाले सहकर्मी के साथ बात करते हुए यह ख्याल आया। गुरुग्राम में अगस्त २०२३ को रचित।

३ . उनसे फिर मिलना

आज मुद्‌दतों बाद देखा उन्हें

उस एक नज़र के उठते ही,

सारी शिकायतें,

सारे शिकवे,

सारे गिले ;

जैसे पिघल कर बह गए।

जब उन्होंने मुस्कुराकर देखा मुझे

सारा गुस्सा,

सारे ग़म,

सारे आसूं,

और वो रतजगे,

सब छूमंतर हो गए।

और रह गयी अलबेली मुस्कराहट,

जो ख़त्म होने का नाम ही नहीं ले रही।

और ये आँखें जैसे मुझसे ज़्यादा उनकी हों।

उनसे हटने का नाम ही नहीं ले रही।

और मैं बार बार खुद को सम्हालते हुए,

जाने क्यों फिर जी उठी।

और एक बार फिर से

मैं, मैं हो गयी।

सोचा न था,

अचानक ये फिर से मिलना;

इतना सकून देगा।

कविता का परिप्रेक्ष्य - एक बहुत बड़ी बहस और अबोले के बाद जब दो दोस्त मिलते हैं, तो सारी कड़वाहट छूमंतर हो जाती है। ऐसा हम सबके साथ कभी न कभी हुआ है।

४ . हमेशा की तरह

पहले हम थे अकेले -अकेले

हमेशा की तरह,

हो रही थी गुज़र, अच्छी तरह।

फिर तुम से मुलाकात हुई,

कुछ इस तरह।

दोनों को मिलना अच्छा लगा,

अपनी - अपनी तरह।

तुम्हारा बाहर जाना हुआ,

कहीं दूर जगह।

मैंने तुम्हें कॉल किया,

हमेशा की तरह।

तुमने जवाब नहीं दिया,

पहले की तरह।

मैंने तुम्हे संदेशा भेजा,

हमेशा की तरह।

तुम चुप रहे,

पहले की ही तरह।

 मेरा मन भर आया,

हमेशा की तरह।

आँसू दो छलक पड़े,

पहले की तरह।

एक बार फिर,

तुमने आने का वादा किया,

पुहले की तरह।

सारी शाम मैंने बाट जोहि,

हमेशा की तरह।

तुम फिर भी न आये,

हमेशा की तरह।

हम टूट से गए,

हमेशा की तरह।

तुम्हारे दोस्तों ने खैर पूछी हमारी,

हमेशा की तरह।

हमने अपनी हंसी बिखेरी कुछ इस तरह।

अब हम रूठ गए,

खुद अपनी ही तरह।

तुम्हे हम पर तरस आया,

पहले की तरह।

तुमने वादा किया सुधरने का,

हमेशा की तरह।

अब हम समझ गए,

तुम्हें और तुम्हारे बहाने।

सो हमने यह समझा सोचा,

दिल्लगी बहुत हुई,

हमेशा की तरह।

अब गिले -शिकवे दूर करें हम

अपनी - अपनी तरह।

अपनी - अपनी राह चलें हम,

पहले की तरह।

सुकून से रहो तुम,

सुकून से रहे हम,

पहले की तरह।

अब घर चलें आप भी,

और घर चलें हम भी,

शरीफ़ों की तरह।

ज़िंदगी रही तो फिर मिलेंगे,

जनाब दोस्तों की तरह।

कविता का परिप्रेक्ष्य - प्यार में पड़े हुए इंसान को समझ आया कि एकतरफा प्रयास से अच्छा है, खुद पर और अपनी ज़िंदगी पर फिर से ध्यान दिया जाए। ये स्व-प्रेम और भावात्मक परिपक्वता की पहली निशानी है।

०७. | ज़िंदगी और प्रकृति

१. अनादि-आदित्य

आदित्य मैं तुम जैसी बनना चाहती हूँ।

एक निस्वार्थ, निर्भीक, शक्तिपुंज,

जो अनादिकाल से,

चिरपरिचित ज्योति जलाये,

आलोकित करता आ रहा है।

सम्पूर्ण सौरमंडल को,

जो जीवन का आधार है।

शक्ति संचार करता है।

और कभी कभी,

पराबैंगनी किरणों का प्रयोग कर बनता

विध्वंस्कर्ता।

एक सच्चे प्रहरी सा समय का हिसाब रखता

हुआ

बिना किसी अहम् भाव के,

निस्वार्थ भाव से,

समय पर,

अपना हर कार्य करता हुआ।

आदित्य,

मैं तुम जैसी बनना चाहती हूँ।

सतत कर्मशील,

अपना हर कार्य पूर्णता से करना चाहती हूँ।

मैं तुम बनना चाहती हूँ।

कविता का परिप्रेक्ष्य - हरतालिका तीज पर माँ के साथ सुबह भगवान जी को विसर्जित करने जाते हुए उगते सूरज को देख कर उनकी सम्पूर्णता और शक्ति का भान कवियत्री को हुआ और वो प्रेरित हुईं।

२. थोड़ी सी सब्ज़ियत

थोड़ी सी जंगलों की सब्ज़ियत लिए,

आ चलें हम नयी डगर पर,

मस्त मुसाफिर का जोश लिए।

जो गिर पड़े तो,

ले नदी सा उफ़ान।

फिर आये जो कोई भी तूफ़ान।

आ अब चलें फिर,

एक नयी शुरुआत के लिए।

इन रास्तों के जैसे,

जो हों चाहे,

ऊँचे-नीचे , टेढ़े-मेढ़े

पर हमेशा हों,

किसी ओर जाते हुए

रुकते नहीं

चलते हो कहीं भी

निकलते हो कैसे भी।

आ चल लिखें,

और फिर कहें एक नया किस्सा शुरू,

और साथ में फिर हो एक नया सफर शुरू।

फिर से जगा के दिल में जोश नया,

लेकर कुछ नया सा जुनून,

कुछ जंगलों की सब्ज़ियत लिए

थोड़े से जोश को दिल में जीयें

आ चल चलें,

नयी मंज़िलों की ओर।

आ चल करें शुरू, एक नया दौर।

कविता का परिप्रेक्ष्य - शहरी भागमभाग से थक कर दूर हरे-भरे जंगलों में विश्राम के समय गाइड साहब ने बताया कई बार जंगल काटे जाने और जानवरों के निरंतर शिकार होने के बावजूद भी इन जंगलों की हरियाली और जीवटता बरकरार है। आइये पेंच के जंगलों की जीवटता अपने जीवन में भी लेकर आयें। २९ मार्च २०१७ पेंच टाइगर रिज़र्व, भारत में रचित।

३. समुद्र देव

तुम हो अनंत, अनूठे, असीम, और अत्यंत

नीरस।

न दिखता कोई ओर है,

न समझता कोई छोर है।

मेरे इन दो नयनो के नीर के खारेपन से भी

खारे,

तुम।

करने को तो कर देते हो सब कुछ वापस,

जो सब करते हैं अर्पण।

जैसे तुम हो कोई औघड़,

कर देते हर कुछ दान।

जब हुआ मन लेने का तो,

तुमसे तत्पर याचक,

ढूंढे से भी नहीं मिलेगा।

त्वरित, तत्पर, तल्ख़,

साम-दाम-दंड-भेद,

येन-केन-प्रकरेण,

जो कुछ, जैसे भी

खुद में समाने को सक्षम।

कविता का परिप्रेक्ष्य - सुनामी के बाद जब वापस कन्याकुमारी जाना हुआ तब वहाँ लोगों के जीवन पर इसके पड़े असर से हैरानी और दुःख हुआ। समुद्र वाकई काफी रहस्यमयी है।

४. जंगल, जुगनू और शाम

एक शाम बुलौआ आया।

साथ अपने वो कुछ मित्र लाया।

चले साथ हम जंगल को,

करके ये वादा न देखेंगे अपने फ़ोन,

न ही होगी कोई बात - बेबात,

 न करेगा कोई शोर -शराबा,

और न छेड़ेगा कोई जंगल को एक भी बिता।

शहर के बीचों-बीच इंसान ने लगाकर कुछ

पेड़,

बना दिया एक जंगल सा।

ऐसे लगा आ गए हों,

हरीतिमा की गोद में।

पेड़ -पत्ते-पौधे-ज़मीन- प्राणी थे,

आनंद की बारिश में डूबे हुए।

शांति ऐसी कि,

खुद की सांसे खुद को सुनाई दे रही।

धीरे-धीरे शाम हुई,

जंगल ने अँधेरे की रहस्यमयी चादर ओढ़

ली।

पक्षी घर जाने को अधीर,

अपना अंतिम कलरव कर

और झींगुर अपनी तान से,

शाम का स्वागत करते हुए,

हमें दे रहे थे न्योता किसी बात का।

मानों आ रहा हो कोई विशेष,

मिलने को हमें।

स्याह रात में अचानक एक टिमटिमाती लौ

दिखी,

लगा आँखों का धोखा है,

या शायद थकान ज़्यादा है।

पर नहीं, एक के बाद एक,

ये टिमटिमाते हुए शर्मीले जुगनू बाहर आकर,

हमारा जंगल में स्वागत कर रहे थे।

वन देव जुगनू आरती से मानों हमारा सत्कार

कर रहे हों।

हम सब इस दुनिया में होकर भी,

एक अलग जादुई दुनिया के हो गये।

कविता का परिप्रेक्ष्य - एक मित्र के बुलावे पर मानव निर्मित जंगल में घूमने का अवसर मिला। यह एक अविस्मरणीय अनुभव था। २८ जुलाई २०२३ सुबह ३.०० बजे गुरुग्राम में सृजित।

५. शुरुआत एक सफर की

थोड़ी सी जंगलों की सब्ज़ियत ले,

आ चलें हम, नए सफर पर

मस्त मुसाफ़िर सा जोश लिए।

जो पड़े गिर तो,

फिर ले, नदी सा उफ़ान।

बढ़ चलें आगे,

फिर आये चाहे कोई भी तूफ़ान।

आ चलें फिर,

एक नयी शुरुआत के लिए,

इन रास्तों के जैसे ,

चाहे हो ऊँचे - नीचे, या फिर टेढ़े - मेढ़े,

पर हमेशा हों कहीं जाते हुए,

या हों कहीं से आते हुए।

आ चल फिर कहें हम,

एक नयी कहानी।

आ करें हम एक नया सफर शुरु।

आ फिर जगाएं, एक नया जोश-ए -जुनून।।

कविता का परिप्रेक्ष्य - पेंच के हरे-भरे जंगलों से गुज़रते हुए इस कविता की प्रेरणा मिली।   २९ मार्च २०१७ सिवनी, म.प्र. में रचित।

६. गिरगिट ज़िंदगी

पल-पल रंग बदलती,

चपल-चंचल बाला सी,

नित नयी करवटें लेती,

ये मेरी गिरगिट ज़िंदगी।

मुझे हर बार है तू मोड़ती,

जाना हो कहीं,

कहीं और जोड़ती।

पाना चाहूँ किसी और को,

किसी और की तरफ है ठेलती।

ये मेरी गिरगिट ज़िंदगी।

चाहे कितना भी करूँ,

ये दावा के,

करुँगी मैं जो करना है मुझे।

पर ये हँसकर,

सब कुछ है, भूलती।

करती है वादा,

किसी चीज़ का,

कुछ और ही ला कर के देती।

ये मेरी गिरगिट ज़िंदगी।

कभी मुझे है चौंकाती,

कभी मुझे है डराती,

कभी ज़ोर-ज़ोर से रुलाती,

और कभी प्यार से अपने गले ये लगाती।

ये मेरी गिरगिट ज़िंदगी।

जहाँ होता है सब कुछ तय,

वहाँ करती है साँठ-गाँठ ये।

सपने दिखाती कुछ और ये तो,

लाकर देती और ही ये।

ये मेरी गिरगिट ज़िंदगी।

पहले कहती मुड़ जा तू दायें,

फिर खुद ही मोड़ती मुझे बाएं।

दूँ मैं जो अपना शत प्रतिशत तो,

दिखाकर ठेंगा करती वो बाय।

ये मेरी गिरगिट ज़िंदगी।

जहाँ न हो कोई उम्मीद किसी से,

जहाँ न हो कोई राह आगे कहीं पे,

लाती नए-नए उपहार वहाँ पे।

देती मुझे सौगातें अचानक से।

करती मेरी सब इच्छाएं पूरी,

जब में छोड़ देती हूँ आशाएं मेरी।

ये मेरी गिरगिट ज़िंदगी।

खुद में कितना कुछ छुपाये,

हर बार मिलती हैं बाहें फैलाये।

मिलना चाहूं गले,

या फिर चुप के गुज़रना।

बचा ना है कोई इससे कभी ना।

ये मेरी गिरगिट ज़िंदगी।

कविता का परिप्रेक्ष्य - कुछ नज़दीकी लोगों से अपने
ज़िंदगी के परिवर्तनों के बारे में चर्चा करते हुए लगा कि
मेरी ज़िंदगी सच में गिरगिट, जो इतनी जल्दी -जल्दी
रंग बदलती है। ७ अगस्त २०२३ उषाकाल ३. ०० बजे
रचित।

पाठक के नोट्स -1

पाठक के नोट्स -2

शब्दमाला

१. पाठक - पढ़ने वाला, Reader

२. कविता - काव्य, Poem

3. कविता संग्रह - किसी पुस्तक या अन्य प्रकार जैसे ब्लॉग के माध्यम से बहुत सारी कविताओं का एक साथ पंक्तिबद्ध करना, Compilation of Poems

४. हृदय - मन, दिल, Heart

५. लघु - छोटी, Mini

६. जिन्दगीनामा - ज़िंदगी की कहानी, जीवन की कहानी, The feeling of being happy

७. माध्यम - द्वारा, Medium

८. समरूपता - एक जैसे गुण, Similarity

९. मानव - इंसान, Human

१०. मन - हृदय, Heart

११. सदाबहार - जो हमेशा ताज़ा रहे, Every green

१२. प्रदर्शित - जताना, To display or portray

१३. ताज़ातरीन - बिलकुल नया, The latest

१४. चित्र - तस्वीर, Picture

१५. अभिव्यक्ति - भावों और विचारों को बोल, लिख या चेहरे के द्वारा बताना, Expression or expressions

१६. भाग - हिस्सा, Part

१७. आभार - धन्यवाद, Gratitude

१८. जीवित- ज़िंदा, जिसमे जीवन हो, alive

१९. मुख्य पृष्ठ - पहला पन्ना जिमे किसी विषय का नाम लिखा होता है, Main page

२०. पुस्तक - किताब, Book

२१. माँ - माता, Mother

२२. प्रकृति - स्वरूप, धरती में मौजूद सारे पदार्थ ,Nature

२३. समर्पित - उत्सर्ग करना, To dedicate

२४. विचार - मन में सोची गयी विषयवस्तु, thought or thoughts

२५. मनोभाव - the thoughts and feelings inside one's heart

२६. नाच - नृत्य, To dance

२७. गा - गान, To sing

२८. समझ - किसी बात को तार्किक रूप से सोचने की क्षमता, undestanding

२९. शब्द - words

३०. आलेख - The forward

३१. धन्यवाद - Thank you

३२. प्रेम - प्यार Love

३३. जब - When

३४. हम - मैं का बहुवचन, We

३५. साथ - दो या दो से ज़्यादा लोग या चीज़ जब इकट्ठा रहते हैं, together

३६. हमसाया - हमसफ़र, The one who follows like a shadow to someone or something

३७. मेहमान - पाहुने, आगंतुक, Guests

३८. हरियाली - पेड़ पौधे और घास जब धरती में बारिश के बाद एक साथ नज़र आते हैं, Greenary

३९. मिठास - किसी मिठाई का स्वाद, किसी वयक्ति द्वारा अच्छा बर्ताव किया जाना, Sweetness

४०. आँखें - नयन, नैन, Eyes

४१. बुज़ुर्ग - बड़े, आयु में बड़े खास तौर पर एक पीढ़ी या उससे पहले के लोग, Elderly

४२. झील - बड़ा जलाशय, Lake

४३. दोस्त - मित्र, सखा, Friend or friends

४४. मौसम - Season

४५. मिजाज़ - Mood

४६. क्षणिकाएँ - लघु काव्य, Mini Poems which have deeper meanings

४७. ज़िंदगी - जीवन, Life

४८. हैरान - Surprised

४९. दुआ - Prayers done to bless someone or somebody

५०. दूर - बहुत लम्बा फासला होना, Far

५१. भरोसा - विश्वास, Faith

५२. काला - स्याह रंग, Black

५३. सफ़ेद - श्वेत, धवल, White

५४. अँधेरा - अन्धकार, Darkness

५५. रोशनी - उजाला, Light

५६. बारिश - वर्षा, Rain

५७. इंतज़ार - बाट जोहना, Wait

५८. स्वाद - Taste

५९. अंतस - हृदय के अंदर, मन के भीतर, heart of hears

६०. लक्ष्य - Goal

६१. तन्हाई - अकेलापन, Solitude

६२. द्वन्द - दो लोगों या पक्षों में आपसी मतभेद, Conflict

६३. आकांक्षा - ऐसी इक्षा जो सामान्य से ज़्यादा हो, Desire

६४. परिवर्तन - बदलाव, Change

६५. यात्रा - सफर, Journey

६६. अपना - खुद, स्वयं, Own

६७. आभार - आभारी होना, शुक्रगुज़ार होना, Gratitude

६८. खुदा - भगवान्, God

६९. ख्याल - विचार, Thoughts

७०. ग़म - दुःख, Sadness

७१. सरपट - बहुत तेज़ जाना, Fast

७२. घडी - समय बताने का यन्त्र, Watch,

७३. सुई - Needle

७४. संत - साधु, Saint

७५. तिनका - छोटा कुश, small twig

७६. तय - इरादा करना, to decide

७७. रूठा - to get angry

७८. आप - किसी बड़े या आदरणीय के लिए सम्बोधन, You

७९. चुप - बिना आवाज़ किये या बोले रहना, Quiet

८०. अकेले - एक व्यक्ति, alone

८१. मील - दूरी नापने का देसी पैमाना, Mile

८२. अंतर - difference

८३. चुप - बिना आवाज़ किये रहना, quiet

८४. ढूंढ - कोई खोयी चीज़ या इंसान को ढूंढने की प्रक्रिया, To search

८५. हलकी - थोड़ी, light

८६. मुस्कान - मुस्कान, मुस्कराहट, smile

८७. देह - शरीर, Body

८८. दिखावा - प्रदर्शित करना, To show off

८९. दुनिया - संसार, World

९०. ख़ुमार - Excited, euphoric

९१. मेहमान - Guests

९२. बतियाना - To discuss, To talk

९३. लाजवाब - निशब्द, Wow

९४. चमकना - To shine

९५. साथ -साथ - एक साथ, इकट्ठे, Together

९६. नदी - ऐसा बहते पानी का स्त्रोत जो सागर से या किसी बड़ी नदी से मिलता हो, River

९७. चट्टान - बड़ा पत्थर , Big Rock structures found in mountains

९८. जेठ - साल का सबसे गर्म महीना, हिंदी कैलेंडर के अनुसार साल का तीसरा महीना, The hottest month of the year as per Indian calendar which is third in row

९९. पानी - जल, नीर, Water

१००. चुनर - दुपट्टा, शरीर के ऊपरी भाग को ढकने वाला लम्बा कपडे का टुकड़ा, A long cloth which is used to cover the upper body usually worn by females

१०१. अम्बर - आकाश, Sky

१०२. आषाढ़ - हिंदी कैलेंडर के अनुसार वर्षा ऋतू का पहला महीना, The first month of rainy (monsoon) season. As per Indian Calendar fourth month comes just after "jeth" month.

१०३. बादल - मेघ, Clouds

१०४. ख़ुशी - प्रसन्नता, Happiness

१०५. धरती - ज़मीन, Earth

१०६. माँ - माता, जिसने जन्म दिया है, Mother

१०७. मानना - किसी बात या तर्क को हाँ करना, To accept

१०८. गहना - आभूषण, Jewellery pieces

१०९. बहना - बहन, Sister

११०. बातें बनाना - To make things

१११. साँझा - आपस में बाटना, Evening Goddess worshipped in India

११२. दिया जलाना - मिटटी का दिया जो उजाला करने के काम आता है, To light small oil-filled clay pot mostly during worship

११३. तुलसा - तुलसी, Desi word for holy basil

११४. मोहक - मन को मोहित करने वाला, Attractive

११५. नटखट - शैतानी करने वाला, Naughty

११६. चुप्पी - शांति, न बोलना, Quiet

११७. उजली - उजाले से भरी, रोशनी से भरी, सफ़ेद रंग की, Bright

११८. शर्माना - लज्जा, लजाना, To get shy

११९. दर्शन - प्रगट होना, To show

१२०. ताल - संगीत की ताल, छोटी झील, the rhytm but in book used for lake

पाठक प्रतिक्रिया

बाग़-बाग़- कविता संग्रह (भाग-१)

सहज और सरल पर भावपूर्ण शब्दों में कवयित्री नेअपनी बातों को पाठकों के समक्ष रखकर अपनी सृजनशीलता का परिचय दिया है। काव्य प्रेमियों को समर्पित हैं यह पुस्तक। - रेनू प्रसाद

यदि आप हिंदी के प्रति रचनात्मक, व्यावहारिक दृष्टिकोण चाहते हैं, तो शुरुआत करने के लिए यह एक बेहतरीन पुस्तक है। - अमन द्विवेदी

Rakhi's first collection of poems in Hindi is a beautiful necklace of pearls strung together. Each poem embodies a mood, a moment, an experience, joy, sadness, and melancholy. Each poem resonates with our emotions, experienced at some point in our lives, and brings a smile to our lips. Great Work Rakhi. Would love an audio version of these poems read from your heart. - Venkata s

मन को सुकून देने वाली कविताओं का संग्रह - दीपिका

आभार

प्रिय पाठक,
ज़िन्दग़ीनामा को इतना सारा स्नेह देने के लिए बहुत- बहुत धन्यवाद।
राखी

https://rakhe-xpressions.blogspot.com/